BEI GRIN MACHT SICH IHR
WISSEN BEZAHLT

- Wir veröffentlichen Ihre Hausarbeit,
  Bachelor- und Masterarbeit

- Ihr eigenes eBook und Buch -
  weltweit in allen wichtigen Shops

- Verdienen Sie an jedem Verkauf

**Jetzt bei www.GRIN.com hochladen
und kostenlos publizieren**

Deliberation und Digitalisierung. Chancen und Risiken politischer Deliberation im digitalen Zeitalter

Lukas Zwiefelhofer

Bibliografische Information der Deutschen Nationalbibliothek:

Die Deutsche Nationalbibliothek verzeichnet diese Publikation in der Deutschen Nationalbibliografie; detaillierte bibliografische Daten sind im Internet über http://dnb.d-nb.de abrufbar.

ISBN: 9783346580900
Dieses Buch ist auch als E-Book erhältlich.

Druck und Bindung: Books on Demand GmbH, Norderstedt Germany
Gedruckt auf säurefreiem Papier aus verantwortungsvollen Quellen

Das vorliegende Werk wurde sorgfältig erarbeitet. Dennoch übernehmen Autoren und Verlag für die Richtigkeit von Angaben, Hinweisen, Links und Ratschlägen sowie eventuelle Druckfehler keine Haftung.

Das Buch bei GRIN: https://www.grin.com/document/1169879

DELIBERATION UND DIGITALISIERUNG

Chancen und Risiken politischer Deliberation im digitalen Zeitalter

Universität Luzern
Proseminararbeit
August 2021
Autor: Lukas Zwiefelhofer

Inhaltsverzeichnis

1. Über Deliberation und politische Partizipation – Einführende Worte

Politische Partizipation, also die aktive Beteiligung der Bürger an demokratischen Prozessen – in ihrer fundamentalsten Form meist durch einen Akt der politischen Willensäusserung in freien Wahlen praktiziert - wird gemeinhin als Grundvoraussetzung einer funktionierenden Demokratie angesehen.

Politische Deliberation setzt demgegenüber bereits an früherer Stelle an, nämlich im Prozess der politischen Willens- und Präferenzbildung, welcher vor allem innerhalb des öffentlichen Diskurses zur Anwendung kommt. Ausgehend von und aufbauend auf der habermasschen Diskurstheorie, welche in den folgenden Ausführungen noch umfassender beschrieben wird, haben verschiedene theoretische Entwürfe der sogenannten deliberativen Demokratie seit den 1980er Jahren ihren Siegeszug angetreten. So sind einige grundlegende Konzepte der deliberativen Demokratie in der zeitgenössischen Forschungsliteratur der politischen Theorie, als Ergänzung zu den beiden klassischen Traditionslinien des Liberalismus und des Republikanismus, kaum mehr wegzudenken. Jürgen Habermas, der eigentliche Begründer der deliberativen Demokratietheorie, betrachtet diese als Schnittstelle zwischen Liberalismus und modernem Republikanismus: „Das dritte Demokratiemodell, das ich vorschlagen möchte, stützt sich genau auf die Kommunikationsbedingungen, unter denen der politische Prozess die Vermutung für sich hat, vernünftige Resultate zu erzeugen, weil er sich dann auf ganzer Breite in einem deliberativen Modus vollzieht. Die Diskurstheorie nimmt Elemente beider Seiten auf und integriert sie im Begriff einer idealen Prozedur für Beratung und Beschlußfassung. Dieses demokratische Verfahren stellt einen internen Zusammenhang zwischen Verhandlungen, Selbstverständigungs- und Gerechtigkeitsdiskursen her und begründet die Vermutung, daß unter solchen Bedingungen vernünftige bzw. faire Ergebnisse erzielt werden."[1] Die deliberative Demokratie, so behaupten ihre Befürworter, begründet ihre Legitimität mithin durch das Prinzip öffentlicher, auf Rationalität basierender Kommunikation, wodurch die Meinungs- und Willensbildung im politischen Prozess prozedural verbessert werde und wovon letztlich die Gesellschaft als Ganzes profitieren soll.

Es lässt sich jedoch festhalten, dass sich in den letzten 20 Jahren mit dem Aufkommen digitaler Informations- und Kommunikationsmedien ein neuer „Strukturwandel der Öffentlichkeit", wie ihn Habermas bereits früher beschrieben hat, vollzogen hat.[2] Mit anderen Worten: Die verschiedenen Räume der Öffentlichkeit verlagern sich zunehmend von der analogen in die digitale Welt. Dass durch diesen Wandel die politische Öffentlichkeit einem Transformationsprozess unterworfen wird und dies weitreichende gesellschaftliche Konsequenzen nach sich zieht, liegt auf der Hand. Auch aus

---

[1] Habermas Jürgen, *Drei Normative Modelle der Demokratie*, In: Die Einbeziehung des Anderen, Suhrkamp, Frankfurt am Main, 1999.
[2] Vgl. dazu: Habermas Jürgen, *Strukturwandel der Öffentlichkeit*, 1962.

demokratietheoretischer Sicht öffnen sich dadurch neue Forschungsfelder, deren, aus meiner Perspektive, zentralsten Problemstellungen in den weiteren Ausführungen dieser Arbeit kurz beleuchtet werden. Das primäre Ziel der vorliegenden Arbeit besteht darin, zu eruieren, inwiefern sich die habermassche Konzeption der deliberativen Demokratie im Zuge der Digitalisierung verändert hat oder allenfalls noch verändern sollte. Das Wort „Sollen" impliziert, dass meine Ausführungen in erster Linie normative sind, wenngleich hier und da gewisse empirische Befunde aus der neueren Sozialforschung zur Veranschaulichung herbeigezogen werden.

Zwei Fragen stehen dabei im Mittelpunkt dieser Untersuchung: Erstens, die Frage nach öffentlicher politischer Kommunikation im digitalen Zeitalter: Welche Chancen und Gefahren könnten sich durch die Theorie der deliberativen Demokratie nach Habermas im Hinblick auf digitale Kommunikationswege und neue Technologien ergeben? Zweitens, und daran anschliessend, die Frage, welche Schlussfolgerungen für Politik und Gesellschaft sich grundsätzlich daraus ziehen lassen. Vor dem Hintergrund ebenjener beiden Kernfragen wird die Arbeit in drei Teile gegliedert: Erstens, als Einführung in die zu behandelnde Thematik, wird ein kurzer Überblick über die theoretischen Grundlagen deliberativer Demokratie gegeben. Sinn und Zweck dieser knappen Einführung soll einerseits die Herstellung begrifflicher Klarheit, und, andererseits, eine Abgrenzung zu den beiden traditionellen Hauptströmungen der Demokratietheorie, also dem Liberalismus und dem Republikanismus, sein. Zweitens, wird im Hauptteil auf Basis des zuvor herausgearbeiteten theoretischen Unterbaus der zentralen Fragestellung, inwiefern sich für die deliberative Demokratie in ihrer Auslegung nach Habermas ein Zusammenhang zum modernen digitalen Zeitalter des 21. Jahrhunderts herstellen lässt, und welche demokratietheoretischen Implikationen sich daraus ergeben, nachgegangen. Dazu werden auf der einen Seite sich eröffnende deliberative Potenziale und auf der anderen Seite jedoch auch erhebliche Risiken für die Demokratie und den gesellschaftlichen Zusammenhalt in liberal-demokratischen Staaten, diskutiert. Drittens, folgt abschliessend ein kurzes Fazit und einige Anregungen hinsichtlich potenzieller, zukünftiger realweltlicher Entwicklungen.

1.1 Theoretische Grundlagen der deliberativen Demokratie

1.1.1 Drei bedeutende demokratietheoretische Modelle

Zunächst ist darauf hinzuweisen, dass allen demokratietheoretischen Modellen ein normativer Anspruch zugrunde liegt, d.h., dass sie versuchen, ein umfassenderes Verständnis von Demokratie zu generieren, um anschliessend zu begründen, weshalb die entsprechende Auslesung ein wünschenswertes Ideal der Demokratie, also dem grundlegenden Verhältnis zwischen Staat und Gesellschaft, sein soll. [3] Im Folgenden wird die Theorie deliberativer Demokratie im Kontext liberaler und republikanischer Demokratiekonzepte vorgestellt. Meine Ausführungen werden sich auf ein Minimum, im Sinne einer grob heruntergebrochenen Zusammenfassung, beschränken, da dies sonst den Rahmen dieser Arbeit sprengen würde.

Gemäss dem liberalen Verständnis von Demokratie stellt sich die Gesellschaft als eine Aggregation von individuellen Akteuren dar, die ihre Interessen verfolgen. Es besteht in dieser Hinsicht also eine Analogie zur Wirtschaftsgemeinschaft. Die Trennung von Öffentlichkeit und Privatheit stellt für den Liberalen eine zentrale Grundvoraussetzung des Politischen dar. Der Staat, um es mit den Worten von Albrecht auszudrücken, tritt in dieser Perspektive „der Gesellschaft als etwas Äusseres entgegen, er muss sich für jegliche Eingriffe in die Gesellschaft rechtfertigen und kann dies nur insofern, als er dafür die Zustimmung der Bürger erhält."[4] Der Philosoph Isiah Berlin hat hierfür den Begriff der negativen Freiheit - gemeint ist vor allem die Freiheit von staatlichen Eingriffen - geprägt.[5] Demgegenüber steht das republikanische Demokratiemodell. Diesem Modell zufolge konstituiert sich der Staat und das Politische unmittelbar durch einen allgemeinen Willen des Volkes. Der Staat bezieht seine Legitimität einzig durch die Offenbarung dieses gemeinsamen „Volkswillens" und ist dazu angehalten, diesen Willen in seinen Entscheidungen durchzusetzen. Eine scharfe Trennung von Öffentlichkeit und Privatheit, wie es das liberale Modell vorsieht, gibt es hier nicht, da der einzelne Bürger stets als politische Subjekt, mithin als Teil des Ganzen, betrachtet wird.[6] Sozusagen als Pendant zum Ideal der negativen Freiheit im Liberalismus wird dem Republikanismus die Idealvorstellung der positiven Freiheit, verstanden als eine Freiheit zur aktiven politischen Willensbildung und Entfaltung, zugeordnet. Auch hinsichtlich des politischen Prozesses ergeben sich grundlegende Differenzen zwischen den beiden erwähnten Demokratiemodellen. Die liberale

---

[3] Jakobi Tobias, *Ansätze der Theorie deliberativer Demokratie*, Heidelberg, 2000, S.2.
[4] Albrecht Steffen, *Reflexionsspiele – deliberative Demokratie und die Wirklichkeit politischer Diskurse im Internet*, Transcript Verlag, Bielefeld, 2010, S.37.
[5] Vgl. Berlin Isiah, *Two Concepts of Liberty*, 1958.
[6] Albrecht Steffen, *Reflexionsspiele – deliberative Demokratie und die Wirklichkeit politischer Diskurse im Internet*, Transcript Verlag, Bielefeld, 2010, S.37.

Auslegung geht von einer „Exogenität der Interessen" aus, d.h., die Bürger bilden ihre Interessen eigenständig und ausserhalb des politischen Prozesses, beteiligen sich daraufhin durch ihre Stimmabgabe in demokratischen Wahlen an der politischen Entscheidungsfindung und letztlich an der Kontrolle von politischen Entscheidungen. Im republikanischen Modell wird der Öffentlichkeit eine weitaus wichtigere Rolle beigemessen. Sie wird als „Ort der Selbstverständigung", der politischen Willensbildung und als administrativ-politisches System, aus dem die Entscheidungen, welche durch den Willen des Souveräns – also dem Volk - kundgetan wurden und umgesetzt werden, gedeutet.[7]

1.1.2 Die deliberative Demokratie zwischen Liberalismus und Republikanismus

Im folgenden Abschnitt werden einerseits die Grundannahmen der deliberativen Demokratie erläutert, und, andererseits, verschiedene Ansätze des deliberativen Modells, welche von denselben Grundannahmen ausgehen, aufgezeigt. Das Wort „Deliberation" wird im Fremdwörterduden als „Beratschlagung" aufgeführt. Jakobi argumentiert, dass der Kern der Theorie deliberativer Demokratie, bei aller Verschiedenheit der Ansätze, die Vorstellung bildet, daß sich die Legitimität demokratischer Entscheidungen in der öffentlichen Beratung der Bürger begründet.[8] Ein weiterer zentraler normativer Anspruch, den die deliberative Demokratietheorie für sich erhebt, ist die Annahme, dass gewisse Defizite, die sich im politischen Entscheidungsprozess ergeben, durch Deliberation vermindert werden können, was als Konsequenz zu einer erhöhten Rationalität und Informiertheit der Bürger führt. Darüber hinaus ist auf die kolossal wichtige Annahme deliberativer Demokratietheoretiker hinzuweisen, wonach „Endogenität" der politischen Präferenzen gegeben ist. Diese Annahme ist gleichzeitig als fundamentaler Kritikpunkt am liberalen Modell zu verstehen. Bereits Schumpeter hat die These vertreten, dass politische Präferenzen keine feststehenden Grössen sind, die von aussen an den politischen Prozess herangetragen werden, sondern vielmehr ein Produkt des politischen Prozesses selbst darstellen.[9]

Albrecht führt ferner aus, dass die Gesellschaft im deliberativen Modell nicht wie im liberalen Modell als unpolitisch konzipiert ist, jedoch auch nicht als durchgängig politisch, wie im republikanischen. Stattdessen konstituiere sich die Gesellschaft zum Teil als politische, und zwar in der Zivilgesellschaft, also in Form von „spontanen Assoziationen, die die Funktion der Artikulation von

---

[7] Albrecht Steffen, *Reflexionsspiele – deliberative Demokratie und die Wirklichkeit politischer Diskurse im Internet*, Transcript Verlag, Bielefeld, 2010, S.38.

[8] Jakobi Tobias, *Ansätze der Theorie deliberativer Demokratie*, Heidelberg, 2000, S.3.

[9] Vgl. Schumpeter Josef, *Kapitalismus, Sozialismus und Demokratie*, 1942.

politischen Interessen und Optionen übernehmen und im Medium der Öffentlichkeit agieren."[10] Deliberation ist ausserdem inklusiv und öffentlich, und nur der „zwanglose Zwang des besseren Arguments", so Habermas, sollte das finale Ergebnis bestimmen.[11] Der Hauptunterschied zwischen der deliberativen Demokratie und dem Republikanismus liegt für Anhänger der sogenannten „starken Theorie deliberativer Demokratie" darin, dass für den Republikanismus die soziale Praxis im Mittelpunkt der politischen Entscheidung steht, wohingegen sich die deliberative Demokratie auf die Rationalisierung der politischen Entscheidung konzentriert. Sowohl der Liberalismus als auch der Republikanismus weisen gemäss der starken Theorie deliberativer Demokratie ein Rationalitätsdefizit auf.[12] Die deliberative Demokratie, als prozedurales Ideal verstanden, beinhaltet zudem sowohl starke epistemische als auch moralische Ansprüche. Habermas führt dazu wie folgt aus: „Deliberation ist hier nicht der einfache Austausch von Argumenten und das Ansammeln von Informationen, sondern darüber hinaus die Wirkungsstätte der kommunikativen Vernunft. Kommunikative Vernunft ist begründende Vernunft und der Zwang zur öffentlichen Begründung läßt eine logische, empirische und moralische Verbesserung der Gründe der Akteure erwarten. Die Rationalisierung hängt so von bestimmten Bedingungen ab, d. h. Ziel der deliberativen Demokratie ist die Institutionalisierung der Normen der idealen öffentlichen Deliberation".[13]

Beenden möchte ich dieses Kapitel mit einer Bezugnahme auf den realweltlichen Ansatz deliberativer Demokratie, den Jane Mansbridge et. al. in ihrem Paper „a systemic approach to deliberative democracy"[14], vertreten und der meines Erachtens das bereits Ausgeführte nochmals anschaulich auf den Punkt bringt. Mansbridge et. al. identifizieren in ihrer Analyse drei Funktionen deliberativer Systeme um anschliessend drei Beispiele praktischer Natur anzuführen: Erstens, die epistemische Funktion. In diesen funktionalen Bereich fallen beispielsweise die politische Präferenz- und Meinungsbildung, die als Folge von ausgewogenen, informierten und faktenbasierten Diskursen entstehen. Zweitens, die moralische Funktion, deren Basis ein gegenseitiger Respekt, mit dem sich die Bürger begegnen, bildet, was von den Autoren als Grundvoraussetzung einer gesunden Demokratie betrachtet wird. Drittens, die demokratische Funktion. Die demokratische Funktion unterstreicht den wichtigen Aspekt der Gleichheit der Bürger in demokratischen Systemen und hebt die Wichtigkeit einer umfassenden Inklusion aller Menschen in deliberativen Prozessen hervor. Die

---

[10] Albrecht Steffen, *Reflexionsspiele – deliberative Demokratie und die Wirklichkeit politischer Diskurse im Internet*, Transcript Verlag, Bielefeld, 2010, S.38.

[11] Vgl. Habermas Jürgen, *Theorie des kommunikativen Handelns*, 1994, S.370.

[12] Jakobi Tobias, *Ansätze der Theorie deliberativer Demokratie*, Heidelberg, 2000, S.57.

[13] Habermas Jürgen, *Theorie des kommunikativen Handelns*, 1994, Zitiert in: Jakobi Tobias, *Ansätze der Theorie deliberativer Demokratie*, Heidelberg, 2000. S.84.

[14] Vgl. Mansbridge Jane et. al., *a systemic approach to deliberative democracy*, Cambridge University Press, 2012.

Forderung nach mehr Gleichheit und Inklusion ist ein inhärent wichtiger Bestandteil der deliberativen Demokratietheorie, gerade vor dem Hintergrund unserer pluralistischen Gesellschaften im 21. Jahrhundert. Wie bereits angedeutet, listen die Autoren drei praktische Anwendungsbeispiele deliberativer Systeme auf, die im Folgenden genannt seien[15]: Erstens, die Rolle von Experten in deliberativen Systemen. Jedes komplexe demokratische System, das arbeitsteilig funktioniert, so Mansbridge et. al., ist auf Experten in allen Ebenen angewiesen. Dies berge jedoch zum einen die Gefahr, die Ignoranz der Bürger zu befördern, und zum anderen bestehe die Möglichkeit, dass Experten selbst einem Bias unterliegen. Deshalb sei es zentral, dass „in a good deliberative system, expert authority must be deliberatively generated and evaluated with safeguards against systemic bias."[16] Als vielsprechendes Beispiel schwebt den Autoren das „British Colombia Citizens`Assembly", eine Art Bürgerforum, in dem zufällig ausgewählte Bürger über einen gewissen Zeitraum mit der notwendigen Expertise geschult werden um anschliessend als gut informierte Bürger mit der Fähigkeit ausgestattet zu sein, vernünftige politische Entscheidungen für ihre Gemeinde zu treffen, vor Augen. Zweitens, das Druckmittel des öffentlichen, zivilen Protests. Weil durch das Mittel des Protests meist Formen des Zwangs entstünden und dies den Grundgedanken der deliberativen Demokratie, der auf Überzeugung durch rationalen Austausch von Argumenten beruht, untergrabe, fordern die Autoren eine systemische Theorie, die klare Grenzen zwischen Druck bzw. Zwang und Überzeugung zieht. Ganz im habermasschen Sinne sollte lediglich der „zwanglose Zwang des besseren Arguments" entscheiden. Ein konkreter Lösungsvorschlag hinsichtlich dieses Problems ist bei den Autoren jedoch nicht zu finden. Drittens wird schliesslich die Rolle der politischen Medien thematisiert. Manesbridge et. al. weisen den politischen Medien eine bedeutende Rolle als verlässlicher Informationstransmitter innerhalb deliberativer Systemen zu, da die Bürger aus diversen Gründen niemals imstande sein könnten, an nützliche Informationen, die sie für ihre Meinungsbildung benötigen, ohne die Hilfe der Medien zu gelangen.[17] Obwohl sich westliche Gesellschaften durch die Gefahr eines zunehmend polarisierten Mediensystems von den Idealen deliberativer Demokratietheorie zu entfernen scheinen, weisen die Autoren nicht zuletzt auch auf das demokratische Potenzial des Internets, speziell der digitalen Medien hin. Der Frage, ob digitale Medien wirklich gewinnbringend für die deliberative Demokratie sein können, wird im weiteren Verlauf noch intensiver nachgegangen.

---

[15] Mansbridge Jane et. al., *a systemic approach to deliberative democracy*, Cambridge University Press, 2012, S.13ff.
[16] Mansbridge Jane et. al., *a systemic approach to deliberative democracy*, Cambridge University Press, 2012, S.15.
[17] Mansbridge Jane et. al., *a systemic approach to deliberative democracy*, Cambridge University Press, 2012, S.20ff.

2. Deliberative Demokratie und Digitalisierung

Nachdem der erste Teil dieser Arbeit im Wesentlichen durch eine Einführung in die theoretischen Grundlagen des Konzepts deliberativer Demokratie gekennzeichnet ist, soll auf dieser Basis im zweiten Teil nun das Verhältnis von deliberativer Demokratie und Digitalisierung im Kontext aktueller Entwicklungen kritisch analysiert werden.

Auffallend ist, dass gerade mit Blick auf digitale Entwicklungen vielerorts ein technischer Determinismus suggeriert wird, der das Individuum, die Gesellschaft und letztlich auch demokratische Institutionen in die teilnahmslose Rolle passiver Zuschauer verdammt. Oder, wie es Jeanette Hofmann, so finde ich, sehr treffend formuliert hat: „Während die Digitalisierung in dieser Beziehung die Rolle des Treibers übernimmt, erscheint das demokratische Regierungssystem eher als passives, reaktives Institutionengefüge, dessen Zukunft, je nach Situation akut gefährdet sei oder von frischem Wind profitieren könnte. Auch wenn diese Darstellung etwas überspitzt wirken mag, fällt doch ins Auge, dass die Beziehung zwischen Demokratie und Digitalisierung zumeist als Kausalverhältnis zwischen zwei voneinander unabhängigen Phänomenen wahrgenommen wird".[18] Hofmann kritisiert die These, wonach Digitalisierung als aktiver Treiber fungiert und die Demokratie mehr oder weniger passiv diesen Entwicklungen ausgeliefert scheint, für mein Dafürhalten zurecht. Gleiches gilt ebenso für die Evolution der Kommunikationsmedien. Obwohl manchmal der Eindruck entstünde, Kommunikationsmedien seien der repräsentativen Demokratie „vorgelagert", so sind sie Hofmanns Argumentation zufolge in Tat und Wahrheit durch einen evolutionären Prozess der wechselseitigen Ermöglichung miteinander verbunden. Medien, führt Hofmann weiter aus, würden die Voraussetzungen für demokratische Willensbildung schaffen, und die demokratische Praxis beeinflusse zugleich die Ausprägung von Formaten der politischen Berichterstattung.[19]

Im folgenden Kapitel werden in einem demokratietheoretischen Kontext einige kennzeichnende Einflüsse des digitalen Transformationsprozesses auf die politische Öffentlichkeit beleuchtet, bevor in den darauffolgenden Abschnitten näher auf Chancen und Risiken, welche sich im Zuge des digitalen Wandels für die deliberative Demokratietheorie ergeben, näher beleuchtet werden.

---

[18] Hofmann Jeanette, *Mediatisierte Demokratie*, In: Politik in der digitalen Gesellschaft – zentrale Problemfelder und Forschungsperspektiven, 2019, S.28.
[19] Hofmann Jeanette, *Mediatisierte Demokratie*, In: Politik in der digitalen Gesellschaft – zentrale Problemfelder und Forschungsperspektiven, 2019, S.30.

2.1 Politische Öffentlichkeit im Zeitalter digitaler Transformation

Es erscheint mir an dieser Stelle wichtig, einige klärende Gedanken in Bezug auf den Öffentlichkeitsbegriff im Allgemeinen, und den durch die Digitalisierung beschleunigten „Strukturwandel der Öffentlichkeit" - ein Begriff der auf den frühen Habermas zurückgeht[20] - im Speziellen, zu formulieren.

2.1.1 Der Begriff der politischen Öffentlichkeit

Als „politische Öffentlichkeit" bezeichnet der Soziologe Jürgen Gerhards grundsätzlich „den Teil an politischen Handlungen, der in der massenmedialen Öffentlichkeit, nach den Regeln des Öffentlichkeitssystems selektiert, für das politische System beobachtbar ist"[21] Gerhards Kollege, Friedhelm Neidhardt, führte zusätzlich drei unterschiedliche Öffentlichkeitsfunktionen ins Felde: Für ihn zeichnet sich Öffentlichkeit als ein Kommunikationssystem, in dem Themen und Meinungen, primär auf der Inputseite, gesammelt werden, aus. Ziel in dieser ersten Prozessphase sei es vor allem, Offenheit herzustellen, weshalb man von einer „Transparenzfunktion" sprechen könnte. Zweitens, daran anknüpfend, werden die hervorgebrachten Themen verarbeitet. Diese Phase erfülle eine sogenannte „Validierungsfunktion", mithilfe jener entschieden werde, welche Ansprüche vom politischen System als relevant bzw. gerechtfertigt angesehen werden. An dritter Stelle werden schliesslich auf der Outputseite Themen weitergegeben, was für Neidhardt einer „Orientierungsfunktion" für die Bürger gleichkommt, die es ihnen erlaubt, politische Autoritäten entweder zu stärken oder zu hinterfragen.[22]

Habermas unterscheidet zwischen dem „Zentrum" und der „Peripherie" des politischen Systems.[23] Dem Zentrum sind die Verwaltung, die Regierung, das Parlament und die Parteien zuzuordnen, während zu den Akteuren der Peripherie organisierte Verbände, Interessengruppen, aber auch kulturelle Einrichtungen, Kirchen und karitative Verbände zählen. Ebenfalls zur Peripherie wird die „Zivilgesellschaft", der bei Habermas eine bedeutende Rolle zukommt, gezählt. Die politische Öffentlichkeit wird im habermasschen Diskursmodell an der Inputseite der Peripherie verortet, also sozusagen zwischen der Zivilgesellschaft und dem Zentrum der Politik. Im normativen Ideal ist sie dahingehend bestimmt, dass sie von Akteuren aus der Peripherie beherrscht wird, vor allem von Akteuren der Zivilgesellschaft bzw. von den Bürgern selbst. In diesem Zusammenhang spricht

---

[20] Vgl. Habermas Jürgen, *Strukturwandel der Öffentlichkeit*, 1962.
[21] Gerhards Jürgen, Politische Öffentlichkeit. Ein system- und akteurstheoretischer Bestimmungsversuch, in: Strukturen der Öffentlichkeit, 1994, S.97.
[22] Neidhardt Friedhelm, In: Strukturen der Öffentlichkeit, 1994, S.8.
[23] Vgl. Habermas Jürgen, *Faktizität und Geltung*, 1992, zitiert in: Ritzi Claudia, *politische Öffentlichkeit zwischen Vielfalt und Fragmentierung*, 2019, S.67.

Habermas von „autochtoner Öffentlichkeit". Eine „vermachtete Öffentlichkeit" wird konträr dazu durch Akteure des Zentrums bzw. der Output-Peripherie bestimmt.[24] Claudia Ritzi argumentiert, dass für Habermas die Trennung zwischen autochtoner, was so viel wie „eingeboren" bedeutet, und vermachteter Öffentlichkeit, auf der Annahme basiert, die Akteure der Peripherie würden sich anders kommunikativ verhalten als die Akteure des Zentrums: Während vor allem zivilgesellschaftliche Akteure als unbefangene, am Gemeinwohl orientierte Diskursteilnehmer konstruiert werden, gelten Akteure des Zentrums sozusagen als Gefangene in den Restriktionen ihrer Rollendefinitionen, den Ideologien ihrer Parteien und nicht zuletzt auch als Diener ihrer persönlichen Interessen. Dies führt folglich dazu, dass diesem Modell die Erwartungshaltung zugrunde liegt, wonach das Rationalitätsniveau mit dem Anteil der zivilgesellschaftlichen Akteure steigt und wahre Deliberation nicht möglich ist, wenn der Anteil der Zentrumsakteure an der öffentlichen Kommunikation zu hoch ist.[25]

2.1.2 Die politische Öffentlichkeit im Wandel

Eine von Hofmanns spannendsten Thesen bezüglich des Öffentlichkeitswandels in moderner Zeit lautet – sinngemäss ausgedrückt – wie folgt: Mit Beginn der 1980er Jahre ist das neoliberale Ideal vom schlanken Staat und den damit einhergehenden Rufen nach einer vollkommenen Entfesselung des freien, deregulierten Marktes verstärkt in den Vordergrund getreten, was im Umkehrschluss dazu führte, dass die in den Nachkriegsjahren vorherrschende Idee der „wohlwollenden" öffentlichen Hand deutlich an öffentlicher Zustimmung verlor. Die ebenbesagte Autorin spricht in diesem Kontext von einem „Privatisierungsdruck", der sich mit der Liberalisierung der Telekommunikation in jener Zeit am deutlichsten bemerkbar gemacht hat. Das Ende des staatlichen Telefonmonopols und das gleichzeitige Entstehen eines Marktes für digitale Kommunikationsdienste markierte die Geburtsstunde einer neuen Nutzergeneration und leitete letztlich einen grundlegenden gesellschaftlichen Wandel ein.[26]

Hofman verweist sodann auf ein politisch nicht unbedeutendes Charakteristikum der digitalen Transformation: Im Gegensatz zu den herkömmlichen Massenmedien, welche ein überwiegend passives Publikum adressierten, kalkulieren digitale Medien mit einer aktiven Öffentlichkeit. Ein weiterer Unterschied besteht darin, dass digitale Kommunikation den gesamten Alltag durchzieht,

---

[24] Vgl. Habermas Jürgen, *Faktizität und Geltung*, 1992.
[25] Ritzi Claudia, *politische Öffentlichkeit zwischen Vielfalt und Fragmentierung*, in: Politik in der digitalen Gesellschaft – zentrale Problemfelder und Forschungsperspektiven, 2019, S.68.
[26] Hofmann Jeanette, *Mediatisierte Demokratie*, In: Politik in der digitalen Gesellschaft – zentrale Problemfelder und Forschungsperspektiven, 2019, S.35.

wohingegen der analoge Medienkonsum sich auf bestimmte Situationen und Orte konzentrierte.[27] Ein passives Publikum werde dadurch in eine „diskursiv intervenierende Zivilgesellschaft" transformiert und derselbe gesellschaftliche Wirkungsprozess wirkt für Hofmann nicht zuletzt auch als treibende Kraft hinter dem kolossalen Wandel der öffentlichen Sphäre.[28]

An diesem Punkt seien die wichtigsten Erläuterungen der vorangegangen Seiten nochmals kurz zusammengefasst:

Die wohl grundlegendste Problematik der transformierten politischen Öffentlichkeit liegt aus deliberativer Perspektive in ihrer zunehmenden Fragmentierung. Eine fragmentierte Gesellschaft widerstrebt den Kernidealen der deliberativen Demokratietheorie. Während der politische Entscheidungsraum weiterhin überwiegend staatlich organisiert ist, mit einer erhöhten Tendenz zur supranationalen Integration, wird die Integration einer diesen fragmentierten Strukturen entsprechenden politischen Gesellschaft Ritzi zufolge zunehmend schwierig.[29] Stattdessen ist aus deliberativ-demokratischer Sicht zu befürchten, dass eine wachsende Zahl von Bürgern den Angebotsverlockungen des Internets erliegen könnte, um sich letzten Endes in „Echokammern" zurückzuziehen um dort ein Dasein unter ideologisch Gleichgesinnten zu fristen. Bevor jedoch potenzielle Gefahren digitaler Techniken für die deliberative Demokratie konkret herausgearbeitet werden, soll im folgenden Abschnitt zuerst von möglichen politischen Deliberationschancen, die sich durch den digitalen Wandel eröffnen, die Rede sein.

---

[27] Hofmann Jeanette, *Mediatisierte Demokratie*, In: Politik in der digitalen Gesellschaft – zentrale Problemfelder und Forschungsperspektiven, 2019, S.38.
[28] Hofmann Jeanette, *Mediatisierte Demokratie*, In: Politik in der digitalen Gesellschaft – zentrale Problemfelder und Forschungsperspektiven, 2019, S.41.
[29] Ritzi Claudia, *politische Öffentlichkeit zwischen Vielfalt und Fragmentierung*, in: Politik in der digitalen Gesellschaft – zentrale Problemfelder und Forschungsperspektiven, 2019, S.71.

2.2 Deliberative Chancen durch digitale Technologien

Digitale Medien senken die Hürden für kollektives Handeln, da sie die dafür notwendigen Ressourcen in einem erheblichen Masse reduzieren. Als Konsequenz entsteht ein breiteres Spektrum politischer Organisationsformen. Es wird in diesem Kontext oftmals von „connective action" gesprochen.[30] Jüngere politische Bewegungen wie beispielsweise „Extinction Rebellion" oder „Fridays for Future" erscheinen vor diesem Hintergrund paradigmatisch: Ihr schnelles globales Wachstum und der im Verhältnis dazu geringe Organisationsgrad unterstreicht das enorme Potenzial digitaler Kommunikationsmittel für zivilgesellschaftliche Protestbewegungen.[31] Das Inklusionsargument, auf das sich Verfechter der deliberativen Demokratie oft und gerne berufen, erscheint meines Erachtens gerade mit Blick auf die neuen Möglichkeiten, die sich durch die Digitalisierung für Formen kollektiven Handelns bieten, besonders stichhaltig.

Claudia Ritzi argumentiert, dass bestimmte Merkmale des Wandlungsprozesses der politischen Öffentlichkeit gerade aus liberaler Perspektive vielversprechend wirken: So bietet der endlose Raum des Internets jedem Individuum die Chance zur „öffentlichen Artikulation". Diskussion und Deliberation werden ohne räumliche Begrenzungen erlaubt, und das Angebot und die sich bietenden Partizipationsmöglichkeiten, wie bereits oben erwähnt worden ist, sind vielfältiger als jemals zuvor geworden.[32] Andere Autoren, die sich mit dieser Frage beschäftigen, äussern hingegen ihre Bedenken in Bezug auf die Qualität digitaler Deliberation. Digitale Partizipation hat zwar eine höhere Reichweite, oftmals aber eine geringere Qualität. Gerade aber jene Forderung von Mindeststandards diskursiver Qualität im öffentlichen Raum ist für die deliberative Demokratietheorie, im Unterschied zum Liberalismus, zentral.

Norbert Kersting hat diesbezüglich den Vorschlag geliefert, dass die Wissenschaft einen entscheidenden Beitrag dazu leisten könnte, bestehende „Best Practices" zu identifizieren, sei es in Form von neuen politischen Bildungsinstrumenten (z.B. durch sogenannte „Massive Open Online Courses") oder in Form von digitaler Beratung. Letztlich soll es vor allem darum gehen, sowohl den Zugang zu Information zu erleichtern als auch gleichzeitig einen zufriedenstellenden deliberativen Qualitätsgrad zu garantieren.[33]

---

[30] Bimber Bruce, Three Prompts for Collective Action in the Context of Digital Media, in: Political Communication, Vol.34, 2016, S.6.
[31] Hofmann Jeanette, *Mediatisierte Demokratie*, In: Politik in der digitalen Gesellschaft – zentrale Problemfelder und Forschungsperspektiven, 2019, S.39.
[32] Ritzi Claudia, *politische Öffentlichkeit zwischen Vielfalt und Fragmentierung*, in: Politik in der digitalen Gesellschaft – zentrale Problemfelder und Forschungsperspektiven, 2019, S.72.
[33] Kersting Norbert, Online Partizipation: Evaluation und Entwicklung – Status quo und Zukunft, in: Politik in der digitalen Gesellschaft – zentrale Problemfelder und Forschungsperspektiven, 2019, S. 116.

Darüber hinaus eignen sich digitale Kommunikationsinstrumente auch als nützliche politische Kontrollorgane. So erleichtern E-Mails oder ähnliche digitale Benachrichtigungsformen beispielsweise den direkten Kontakt der Bürger zu den Abgeordneten und zu den Parteien, was den politischen Handlungsträgern eine stärkere Rechenschaftspflicht ihren Wählern gegenüber aufzwingt. Instrumente wie der Wahl-O-Mat oder das Abgeordnetenwatch ermöglichen ferner eine verbesserte Kontrolle der Repräsentanten.[34]

Als zusätzliche nennenswerte deliberative Chance bietet sich ausserdem die Möglichkeit digitaler direkt-demokratischer Beteiligung an: Konsultative wie auch bindende Bürgerbefragungen im Internet könnten speziell auf lokaler Ebene unter demokratietheoretischen Gesichtspunkten durchaus gewinnbringend sein, da sie einerseits „von unten" initiiert werden können, was andererseits das republikanische Ideal des politischen Bürgers, dem dadurch eine aktivere Rolle im politischen Prozess zukommt, stärkt. Aber auch aus deliberativ-demokratischer Sicht könnten direkt-demokratische Partizipationsformen im digitalen Raum, sofern sie dann auf einer sachlichen und faktenbasierten Grundlage fussen, positive Auswirkungen haben.

Abschliessend sei noch kurz auf die zwiespältige Rolle, die die sozialen Medien in diesem Kontext einnehmen, eingegangen: Soziale Medien können – wie die meisten anderen technischen Neuerungen – sowohl Fluch als auch Segen sein. Sie bergen zum einen das beachtenswerte Potenzial, mittels ihrer Anwendung demokratische Missstände zu beleuchten und öffentlichen Druck auf die Politik auszuüben, was aus normativer Perspektive erstrebenswert ist. Man denke dabei vor allem an die digitalen Massenproteste im Iran und in der Türkei, oder an jene in Tunesien und Ägypten, die letztlich den Arabischen Frühling eingeleitet haben und ins internationale Bewusstsein gerückt sind.[35] Zum anderen können soziale Medien jedoch auch von Autokraten als Repressions- und Propagandamittel missbraucht werden, oder dazu führen, dass sich gewisse demokratiefeindliche Gruppierungen innerhalb ihrer digitalen Schlupflöcher noch stärker radikalisieren. Mögliche demokratieschädigende Gefahren, die von sozialen Medien ausgehen, werden im nächsten Kapitel ausführlicher thematisiert.

---

[34] Kersting Norbert, Online Partizipation: *Evaluation und Entwicklung – Status quo und Zukunft*, in: Politik in der digitalen Gesellschaft – zentrale Problemfelder und Forschungsperspektiven, 2019, S. 110.
[35] Fitzpatrick Jasmin - *Potenziale sozialer Medien zwischen Wunsch und Wirklichkeit: Welche Chancen bieten soziale Medien für politische Akteure und ihre Erforschung?* in: Politik in der digitalen Gesellschaft – zentrale Problemfelder und Forschungsperspektiven, 2019, S. 174.

2.3 Potenzielle Gefahren digitaler Technologien für die Demokratie

Gemäß der deliberativen Demokratietheorie ist Demokratie nicht nur auf politische Öffentlichkeit als einen Ort der Freiheit, sondern auch der Rationalität angewiesen. Kritische Stimmen monieren diesbezüglich, dass das digitale Zeitalter bis anhin überwiegend durch ökonomische Logik mit Fokus auf einen „liberalen Marktplatz der Ideen" geprägt ist, während nüchterne, auf Rationalität ausgerichtete Diskussionsforen im entsprechenden Forschungsfeld wenig bis gar keine Beachtung finden.[36] Im vorangegangenen Abschnitt ist der digitale Raum unter anderem aufgrund seines freien und ortsunabhängigen Zugangs als deliberative Chance der Inklusion beschrieben worden. Die unheimliche Fülle an kostenloser Information, die einem im Internet zur Verfügung steht, hat jedoch aus deliberativ-demokratischer Sicht auch ihre Schattenseiten. So wird es für Nutzer und Rezipienten zunehmend schwierig, sich in diesem gewaltigen Wirbel an kommunikativen Angeboten, die tagtäglich auf einen hereinprasseln, ein umfassendes und realitätsnahes Bild zentraler Positionen und Argumente zu bilden. Darunter leidet nicht zuletzt die deliberative Qualität da eine vernünftige, ausgewogene Meinungsbildung der Bürger durch die Tendenz zur „Individualkommunikation" mittel- bis langfristig aller Voraussicht nach sinken wird.[37]

Ein Phänomen, das im Fachjargon „Informationelle Pfadabhängigkeit" bezeichnet wird, ist als weiterer digitaler Gefahrenherd für die Demokratie auszumachen. Karoline Helbig hat in diesem Zusammenhang den Begriff der „relevanzordnenden Personalisierungsalgorithmen" etabliert.[38] Gemeint ist folgende Problematik: Während in den herkömmlichen Massenmedien die Entscheidung, welche Informationen von gesellschaftlicher Relevanz sind, von ausgebildeten Redakteuren, die in den meisten Fällen einen natürlichen Sinn für soziale Verantwortung haben, getroffen werden, läuft diese Entscheidung im Netz diametral anders ab. Programmierte Algorithmen, die Vermutungen, welche sie durch persönliche Infos über den jeweiligen Nutzer und durch „digitale Spuren", die jeder User bei der Suche im Internet automatisch hinterlässt, aufstellen, sortieren Daten primär nach der Kategorie ihrer vermeintlichen individuellen Nutzerrelevanz. Dabei werden in einem ersten Schritt Unmengen an Daten gesammelt, in eine Datenbank eingeordnet und kategorisiert. Anschliessend werden dem Nutzer diejenigen Daten präsentiert, welche als für ihn relevant angenommen werden. Relevanz orientiert sich folglich nicht mehr an epistemischen Kriterien, sondern an Klickzahlen.

---

[36] Ritzi Claudia, *politische Öffentlichkeit zwischen Vielfalt und Fragmentierung*, in: Politik in der digitalen Gesellschaft – zentrale Problemfelder und Forschungsperspektiven, 2019, S.74.

[37] Ritzi Claudia, *politische Öffentlichkeit zwischen Vielfalt und Fragmentierung*, in: Politik in der digitalen Gesellschaft – zentrale Problemfelder und Forschungsperspektiven, 2019, S.75.

[38] Karoline Helbig - *Der Einfluss von Algorithmen auf demokratische Deliberation*, In: Mohabbat Kar, Resa Thapa, Basanta Parycek, Peter (Ed.): (Un)berechenbar? Algorithmen und Automatisierung in Staat und Gesellschaft, Berlin, 2018, S.343.

Googles „PageRank" und Twitters „Trending Topics", um nur zwei Beispiele zu nennen, funktionieren gemäss diesem Prinzip. Problematisch ist dabei vor allem, dass die Kategorisierung der Daten nicht auf die tatsächlichen Eigenschaften der Nutzer zurückgeht, sondern lediglich darauf, was der Algorithmus durch die gestreuten Informationen über sie in Erfahrung gebracht hat. Ein Bauer, eine Umweltaktivistin und ein Politiker, die alle den Begriff „Glyphosat" googeln, gelangen so beispielsweise zu grundlegend verschiedenen Suchergebnissen.[39] Helbling weist sodann auch auf die sich daraus ergebenden negativen Konsequenzen für die deliberative Demokratie hin: Potenzielle Nutzer laufen Gefahr, immer weniger und qualitativ einseitiger informiert zu werden. Darüber hinaus besteht die Tendenz zur Homogenität der Argumente und Diskussionen, was dem normativen Ideal der deliberativen Demokratie zuwiderläuft. Die Entwicklung von „Echokammern" und „Filterblasen" im digitalen Raum, die von einer informationellen Pfadabhängigkeit vorangetrieben wird, führt gemäss den deliberativen Demokratietheoretikern zu erheblichen Problemen und bedroht in letzter Konsequenz die Demokratie an sich.[40]

Zusammengefasst lässt sich also festhalten, dass die informationelle Pfadabhängigkeit zu einer stärkeren Fragmentierung der politischen Öffentlichkeit führt und dadurch die Möglichkeit einer idealen gesellschaftlichen Deliberation untergräbt. Nach dem soeben Ausgeführten überrascht es meiner Auffassung zufolge nicht, dass auch Habermas angesichts der zunehmenden Fragmentierung der Gesellschaft und der verstärkten Tendenz zur Individualisierung, digitale Deliberation grundskeptisch betrachtet.

Zum Schluss soll erneut ein kritischer Blick auf das Verhältnis von sozialen Medien und deliberativer Demokratie geworfen werden. Der amerikanische Politologe Cass Sunstein kommt in seiner Analyse zu dem Schluss, dass der tägliche Informationsfluss im Netz hauptsächlich darauf ausgerichtet ist, durch Werbung und gezielte Konsumanreize das „tägliche Ich", damit sind die individuellen Bedürfnisse und Interessen der Bürger gemeint, zu befriedigen. Diese individuellen Bedürfnisse und Interessen bewegen sich allerdings fernab vom politisch-öffentlichen Raum, was nach Sunstein dazu führt, dass die „Souveränität des Volkes", darunter versteht er vor allem die Orientierung am Gemeinwohl (public good), sukzessive durch die „Souveränität des Konsumenten" abgelöst wird.[41]

---

[39] Karoline Helbig - *Der Einfluss von Algorithmen auf demokratische Deliberation*, in: Mohabbat Kar, Resa Thapa, Basanta Parycek, Peter (Ed.): (Un)berechenbar? Algorithmen und Automatisierung in Staat und Gesellschaft, Berlin, 2018, S.345.

[40] Karoline Helbig - *Der Einfluss von Algorithmen auf demokratische Deliberation*, in: Mohabbat Kar, Resa Thapa, Basanta Parycek, Peter (Ed.): (Un)berechenbar? Algorithmen und Automatisierung in Staat und Gesellschaft, Berlin, 2018, S.357.

[41] Sunstein Cass, *#republic divided democracy in the age of social media*, Princeton University Press, 2017, S.52.

Ebenjener Prozess widerstrebt dem normativen Ideal der deliberativen Demokratietheorie, mithin des konstruktiven Austauschs freier und gleicher Bürger auf öffentlichen Plattformen.

Wie andere Autoren ebenfalls, warnt Sunstein schliesslich vor einer durch die digitalen Medien beschleunigten sozialen Fragmentierung, Polarisierung und Radikalisierung. Stattdessen plädiert er für eine stärkere staatliche Regulierung digitaler Kommunikationskanäle, um sie einerseits aus den Händen der digitalen Riesenkonzerne zu reissen, und um andererseits durch drastischere Regelungen demokratieschädigenden Erscheinungen im Internet wie beispielsweise Hate-Speech einen Riegel vorzuschieben.[42] Dass grosse Digitalkonzerne bereits auf die oben beschriebene Entwicklung reagieren, beweist unter anderem die von Twitter angeordnete Löschung des Nutzerprofils von Donald Trump, dem ehemaligen US-Präsidenten in diesem Jahr.

---

[42] Sunstein Cass, *#republic divided democracy in the age of social media,* Princeton University Press, 2017, S.70ff.

3. Fazit

Die deliberative Demokratietheorie bietet einige Vorzüge, obgleich sie sich – realitätsnah betrachtet – in der politischen und gesellschaftlichen Praxis noch zu beweisen hat. Da Demokratietheorien grundsätzlich normative Theorien sind, müssen sie allerdings auch keinen unmittelbaren politischen Verwirklichungsanspruch erheben. Sie sollen vielmehr theoretische Idealzustände entwerfen, an denen sich Politik und Gesellschaft orientieren können. Als solch theoretischer Idealzustand eignet sich die deliberative Demokratie meiner Meinung nach ausgezeichnet. Dies hat vor allem zwei Gründe: Erstens, kann durch ein prozedurales, herrschaftsfreies und auf Rationalität ausgerichtetes Verfahren die Qualität der Diskurse und letztlich auch das generelle Kommunikationsniveau gehoben werden. Zweitens, können deliberative Verfahren die Inklusion aller Gesellschaftsgruppen ermöglichen, wovon die Demokratie insgesamt profitieren würde.

Es ist in dieser Arbeit aufgezeigt worden, dass die politische Öffentlichkeit, ausgelöst durch technische Entwicklungen, einem Transformationsprozess unterworfen ist. Der erwähnte Transformationsprozess birgt das aus deliberativ-demokratischer Sicht bedenkliche Potenzial, eine zunehmende gesellschaftliche Fragmentierung voranzutreiben. Jürgen Habermas hat sich unter anderem aufgrund ebenjener Gefahr einer Fragmentierung der Öffentlichkeit durchaus kritisch hinsichtlich des Verhältnisses von Demokratie und Digitalisierung geäussert. Im Weiteren ist aufgezeigt worden, dass sich durch digitale Prozesse nicht nur die politische Öffentlichkeit im Wandel befindet, sondern die Gesellschaft als Ganzes. Entscheidende Treiber dieser Entwicklung sind einerseits sogenannte relevanzordnende Algorithmen und andererseits die sozialen Medien, deren politisch-gesellschaftliche Rolle in den letzten Jahren enorm gestiegen ist. Beides ist als potenzielle Gefahr für die deliberative Demokratie identifiziert worden. Gleichzeitig sind jedoch auch digitale Chancen, die sich für die deliberative Demokratie ergeben, kurz thematisiert worden. So können digitale Kanäle etwa die Hürden für kollektives Handeln extrem senken, was letzten Endes die politische Öffentlichkeit im habermassschen Sinne revitalisieren könnte. Auch mit Blick auf eine Verwirklichung des deliberativen Ideals einer Inklusion aller Bürger in einen herrschaftsfreien Diskurs bieten sich durchaus digitale Möglichkeiten. Gerade die sozialen Medien verdeutlichen hingegen die gespaltene Rolle technischer Neuerungen. Sie können Fluch oder Segen sein, sie können für gute Zwecke verwendet, oder aber für moralisch verwerfliche Handlungen missbraucht werden. Technik verhält sich naturgemäss neutral. Letztlich liegt es an der Gesellschaft, für einen geordneten Umgang mit digitalen Hilfsmitteln zu sorgen und demokratiefreundliche Regeln zu etablieren, von denen alle profitieren können.

4.0 Literaturverzeichnis

- Albrecht Steffen, *Reflexionsspiele – deliberative Demokratie und die Wirklichkeit politischer Diskurse im Internet,* Transcript Verlag, Bielefeld, 2010.

- Berlin Isiah, *Two Concepts of Liberty*, 1958.

- Bimber Bruce, *Three Prompts for Collective Action in the Context of Digital Media*, in: Political Communication, Vol.34, 2016.

- Fitzpatrick Jasmin - *Potenziale sozialer Medien zwischen Wunsch und Wirklichkeit: Welche Chancen bieten soziale Medien für politische Akteure und ihre Erforschung?* in: Politik in der digitalen Gesellschaft – zentrale Problemfelder und Forschungsperspektiven, 2019.

- Gerhards Jürgen, *Politische Öffentlichkeit. Ein system- und akteurstheoretischer Bestimmungsversuch*, in: Strukturen der Öffentlichkeit, 1994.

- Habermas Jürgen, *Drei Normative Modelle der Demokratie*, In: Die Einbeziehung des Anderen, Suhrkamp, Frankfurt am Main, 1999.

- Habermas Jürgen, *Theorie des kommunikativen Handelns*, Suhrkamp, Frankfurt am Main, 1994.

- Habermas Jürgen, *Strukturwandel der Öffentlichkeit*, Suhrkamp, Berlin, 1962.

- Helbig Karoline - *Der Einfluss von Algorithmen auf demokratische Deliberation*, In: Mohabbat Kar, Resa Thapa, Basanta Parycek, Peter (Ed.): (Un)berechenbar? Algorithmen und Automatisierung in Staat und Gesellschaft, Berlin, 2018.

- Hofmann Jeanette, *Mediatisierte Demokratie*, In: Politik in der digitalen Gesellschaft – zentrale Problemfelder und Forschungsperspektiven, Berlin, 2019.

- Jakobi Tobias, *Ansätze der Theorie deliberativer Demokratie*, Heidelberg, 2000.

- Kersting Norbert, *Online Partizipation: Evaluation und Entwicklung – Status quo und Zukunft,* in: Politik in der digitalen Gesellschaft – zentrale Problemfelder und Forschungsperspektiven, 2019.

- Mansbridge Jane et. al., *a systemic approach to deliberative democracy*, Cambridge University Press, 2012.

- Neidhardt Friedhelm, *Strukturen der Öffentlichkeit,* In: Neidhardt, Friedhelm (Hg.): Öffentlichkeit, öffentliche Meinung, soziale Bewegungen. Kölner Zeitschrift für Soziologie und Sozialpsychologie, Sonderheft 34. Opladen: Westdeutscher Verlag 1994.

- Ritzi Claudia, *politische Öffentlichkeit zwischen Vielfalt und Fragmentierung*, in: Politik in der digitalen Gesellschaft – zentrale Problemfelder und Forschungsperspektiven, 2019.

- Vgl. Schumpeter Josef, *Kapitalismus, Sozialismus und Demokratie*, 1942.

- Sunstein Cass, *#republic divided democracy in the age of social media,*, Princeton University Press, 2017.